JOURNAL

DES

OPÉRATIONS DE L'ARMÉE

DEVANT SÉBASTOPOL,

du 1er au 22 octobre 1854.

RAPPORT

Du général Canrobert,

commandant en chef l'armée d'Orient.

Devant Sébastopol, le 22 octobre 1854.

Monsieur le maréchal,

Nos travaux d'approche continuent. Le temps me manque pour vous écrire longuement, mais j'ai l'honneur de vous adresser le journal du siége, qui vous fera connaître tout le détail de nos opérations.

Les difficultés que nous rencontrons sont de deux sortes : celles qui résultent de la nature du sol, dont la couche de terre, déjà très-insuffisante, diminue au fur et à mesure que nous approchons de la place, celles qui résultent du nombre et du calibre des pièces d'artillerie que l'ennemi nous oppose sur un front à peu près en ligne droite et très-étendu. Sous ce rapport, les ressources qu'il tire de ses vaisseaux immobilisés dans le port, tant comme personnel que comme matériel, sont presque inépuisables, tandis que les nôtres, bien qu'augmentées par les emprunts que nous faisons aux deux flottes, sont nécessairement limitées. Les canons de 68, les obusiers de 80, les mortiers de 12 pouces sont, en définitive, l'espèce d'artillerie à laquelle nous avons presque uniquement à répondre.

Cette situation fait du siége de Sébastopol l'une des opérations les plus laborieuses qui se soient rencontrées depuis longtemps, et les efforts qu'elle nous oblige à développer explique les lenteurs que nous subissons.

Dans la nuit du 20 au 21, l'ennemi a fait une tentative d'enclouage qui a avorté. Quelques hommes, qui avaient pu pénétrer par surprise dans les batteries, y ont été tués avec l'officier qui les commandait.

Les pertes que nous fait éprouver le feu de l'ennemi ne sont pas, à beaucoup près, aussi considérables qu'elles devraient l'être, eu égard aux difficultés de la situation que je vous ai exposée.

J'évacue successivement, et par tous les moyens que la flotte peut mettre à ma disposition, mes blessés sur Constantinople, où nos ressources hospitalières ont pris des proportions rassurantes.

L'état sanitaire de l'armée est satisfaisant ; les maladies sont produites par les fatigues excessives qu'éprouvent nos braves soldats ; les canonniers marins débarqués sont atteints également ; ils se conduisent avec un courage et un dévouement qui sont remarqués de toute l'armée.

Veuillez agréer, monsieur le maréchal, l'assurance de mon respectueux dévouement.

Le général commandant en chef,

CANROBERT.

JOURNAL

Des opérations de l'armée devant Sébastopol,

Du 1er au 22 octobre,

1er *octobre*. — L'armée française est chargée de la gauche des attaques contre la place de Sébastopol, et l'armée anglaise de la droite de ces mêmes attaques.

L'armée française est divisée en deux corps :

L'un d'observation, composé des 1re et 2e divisions, commandé par M. le général de division Bosquet, occupe les positions qui dominent les vallées de Balaclava et de la Tchernaya ; il se relie par sa gauche, près d'Inkermann, aux Anglais, et est destiné à protéger les opérations du siége contre les entreprises d'une armée de secours venant de l'intérieur de la Crimée.

L'autre corps, composé des 3e et 4e divisions, sous les ordres de M. le général de division Forez, est spécialement chargé des travaux du siége.

La division turque est destinée à servir de réserve, selon le cas, à l'un ou à l'autre de ces deux corps.

Le débarquement, commencé la veille dans la baie de Kamiesch, continue. Des ponts sur chevalets et des bigues sont installés pour la mise à terre du gros matériel de l'artillerie, du génie et de l'administration.

A six heures du matin, la 2e brigade de la 3e division appuie une reconnaissance faite devant nos attaques, en avant du côté *sud* de la place, par MM. les généraux commandant l'artillerie et le génie.

A midi, la 2e brigade de la 2e division appuie une reconnaissance de ces mêmes généraux faite du côté *ouest* de l'enceinte.

Ces deux reconnaissances ne sont pas inquiétées par l'ennemi et s'exécutent sans accident.

Les sentinelles de nos postes avancés se sont approchées, sans tirer, à 300 mètres de quelques vedettes de Cosaques placées à 5 ou 600 mètres de l'enceinte : aucune troupe ennemie n'a été aperçue hors de la place.

2 *octobre*. — La 4ᵉ division devant s'éloigner de la baie de Kamiesch pour prendre ses positions de siége, quatre bataillons, appartenant aux 1ʳᵉ, 2ᵉ et 3ᵉ divisions françaises et à la division turque, sont placés autour de cette baie pour assurer au besoin la sécurité du débarquement et pour fournir le service et les corvées nécessaires: Ces bataillons sont placés sous les ordres de M. le lieutenant-colonel d'état-major Raoult.

Dans la matinée, la 4ᵉ division vient prendre position à 3,000 mètres de la ville, appuyant sa gauche à la mer, vers la petite baie de Strélitza, et sa droite à 3,200 mètres de là, à une grande maison dite *la Maison-Blanche*.

L'armée anglaise opère son mouvement de concentration vers la droite pour prendre ses positions définitives; elle appuie sa gauche, formée de la division England, au grand ravin de Sébastopol, qui sépare les deux attaques française et anglaise, et sa droite, formée par la division Lacy-Evans, aux escarpements d'Inkermann. Le centre se compose des divisions Cathcart et duc de Cambridge, ayant en avant d'elles la division légère George Brown, et en arrière les grands parcs de l'artillerie et du génie et un peu de cavalerie.

Une reconnaissance du corps d'observation, envoyée le matin, a vu sur les hauteurs qui dominent la rade au nord 5 à 6,000 hommes environ de troupes russes escortant un convoi de voitures assez considérable qui sortait de la ville et prenait la route de Bagtché-Séraï. Vers midi, les grand'gardes ont signalé l'approche de troupes ennemies : c'était cette même escorte qui rentrait. Le général Bosquet fit placer, en les faisant soutenir, 200 zouaves sur la dernière crête qui domine le défilé et les ponts d'Inkermann. Surprise par le feu de ces zouaves, au moment où elle s'engageait sur ces ponts, la tête de colonne des Russes recule rapidement hors de portée. Comme en avançant davantage on se mettait en prise aux feux croisés de la place, des chaloupes canonnières et du canon de la colonne russe, les zouaves restèrent embusqués. Cette position devant être occupée par les Anglais, les zouaves furent retirés dans la soirée. La colonne russe, qui n'avait osé avancer de jour, profita de la nuit pour rentrer dans la place.

M. le capitaine de Dampierre, officier d'ordonnance du général Bosquet, qui, en revenant le soir du point de débarquement, s'était égaré et jeté très-près de la place, a été fait prisonnier pendant la nuit par un poste cosaque.

3 octobre. — On continue activement le débarquement du matériel.

L'artillerie et le génie continuent leurs reconnaissances des détails de la place.

De grandes corvées armées des quatre divisions et de la division turque transportent 3,500 gabions de la baie de débarquement au parc du génie.

Les reconnaissances et le feu ouvert sur elles ayant démontré que la place avait un armement considérable, composé de pièces de très-fort calibre et de grande portée, il a été décidé que l'escadre débarquerait, pour prendre part aux opérations du siége, 30 bouches à feu, dont vingt canons de 30 et dix obusiers de 22 c., ainsi que trente fuséens d'artillerie de marine. 1,000 marins seront mis à terre avec ces pièces, 500 marins pour les servir et 500 pour les soutenir. M. le capitaine de vaisseau Rigaud de Genouilly, de *la Ville-de-Paris*, en prend le commandement.

Débarquement des trois derniers escadrons du 1er de chasseurs d'Afrique.

4 octobre. — On continue activement le débarquement du matériel et son transport dans les parcs de siége.

Des corvées armées apportent, comme la veille, 1,300 gabions de la baie au parc d'artillerie.

La 3ᵉ division se rapproche de la place, appuie sa gauche à la Maison-Blanche, sur la droite de la 4ᵉ division, et sa droite à la maison dite *de l'Obser-vatoire*, au grand ravin de Sébastopol, faisant ainsi face au nord et à la ville, et reliant nos attaques à la gauche des attaques anglaises. En arrière du centre de cette division est placé le grand parc du génie ; derrière la droite est le grand parc de l'artillerie. Le grand quartier général est porté derrière ces deux grands parcs, dans une situation intermédiaire entre le corps de siége et le corps d'observation.

Le corps d'observation commence, sur son front, dominant les vallées de la Tchernaya et de Balaclava, des travaux de fortification de campagne destinés à former une suite d'ouvrages de circonvallation.

5 octobre. — L'artillerie et le génie continuent leur débarquement et leurs préparatifs.

Les officiers du génie et les compagnies de cette arme attachées aux corps de siége et d'observation, viennent s'établir au parc du génie, pour être, pendant le siége, à la disposition du général commandant le génie. Une section reste avec le général Bosquet pour l'établissement des ouvrages de circonvallation.

A huit heures du matin, le 5ᵉ bataillon de chasseurs à pied et deux bataillons de la 3ᵉ division, commandés par le général d'Aurelle, vont faire du côté ouest de la place une reconnaissance dirigée par le général Bizot. Avant le départ, quatre hommes sont blessés d'éclats d'obus au lieu de rassemblement, à 3,200 mètres des ouvrages. Cette reconnaissance rentre à midi, après avoir heureusement accompli sa mission, malgré un feu assez vif dirigé contre elle.

Vers trois heures de l'après-midi, l'ennemi fait une sortie jusqu'à 1 kilomètre de la place, et met le feu à une maison située près de la mer, vers la gauche de la 4ᵉ division, au point culminant de la croupe qui sépare la ville du camp de cette division. Les Russes se retirent à la première apparition de nos troupes.

6 *octobre*. — Le personnel et le matériel du trésor embarqué sur *la Pandore* sont mis à terre.

Transport par corvée de 500 gabions de la baie au parc d'artillerie.

Arrivée du 3ᵉ escadron du 4ᵉ de hussards ; cet escadron remplace, au grand quartier général et auprès des généraux, pour le service d'ordonnances, le 1ᵉʳ escadron du 1ᵉʳ chasseurs d'Afrique, qui rentre à son corps. Le 1ᵉʳ chasseurs d'Afrique, au complet, est placé sous les ordres de M. le général Bosquet, sauf deux pelotons désignés pour le corps de siége et relevés tous les deux jours, l'un pour observer l'espace compris entre la mer et la 4ᵉ division, l'autre pour fournir les vedettes à entretenir sur le front des positions de ce corps.

Les renforts laissés à Varna commencent à arriver.

Deux mille travailleurs du corps d'observation poussent activement l'achèvement des ouvrages commencés.

Au point du jour, une reconnaissance ennemie d'environ 3,000 hommes, dont 16 à 1,800 chevaux, soutenue par deux batteries d'artillerie, arrive jusqu'à la Tchernaya et pousse 200 cavaliers en avan d'elle. Quelques obus, lancés par l'artillerie anglaise sur ces 200 cavaliers, les font reculer jusque sur la reconnaissance qui les avait détachés et qui se met alors en retraite sur la maison de poste de Méqueusia.

Dans une reconnaissance de la place, le capitaine du génie Schmitz est tué d'un boulet. Les Anglais commencent à retrancher la pointe du plateau, de manière à relier leurs positions avec nos ouvrages en construction.

7 *octobre*. — Transport de 600 gabions pour l'artillerie.

Évacuation, par *la Provençale*, de 200 malades sur Constantinople.

L'ordre est donné de réserver les barils ayant servi au transport du biscuit pour l'artillerie, qui les utilise comme gabions.

Des magasins de subsistances sont formés dans chaque division, qui utilisera ses moyens de transport afin de rapporter de la plage des denrées pour assurer les distributions, de manière à ce que les hommes aient toujours quatre jours de vivres dans le sac. Les magasins établis près du grand quartier général desserviront la cavalerie, les réserves et parcs de l'artillerie et du génie, ainsi que le train des équipages et les troupes d'administration.

L'ennemi n'a pas reparu du côté de la Tchernaya. Une reconnaissance hardie, partie le 6 et faite de nuit et à *l'arabe*, par un officier et dix tirailleurs algériens, jusqu'à la Belbeck, n'a vu, de la Belbeck à la ville, que le bivac de la troupe russe qui avait fait la reconnaissance du 6.

A six heures du soir, neuf bataillons des 3e et 4e divisions, sous les ordres du général de Lourmel, se portent sur la crête du mouvement de terrain qui sépare la ville de nos camps, afin de resserrer l'investissement de la place. Ils appuient leur gauche à la maison brûlée le 5 par les Russes.

A onze heures du soir, une colonne ennemie, de deux bataillons, deux pièces d'artillerie et un peloton de cavalerie, sort de la place et tente sur la gauche de la ligne, vers la maison brûlée, une attaque qui est repoussée avec vigueur; elle rentre précipitamment en enlevant ses blessés. Le 39e a eu deux hommes blessés dans ce petit combat.

Six bataillons de la division turque vont camper, comme réserve, en arrière de la 4e division, et sont attachés au corps de siége.

8 octobre. — Transport par corvée de 1500 gabions de la plage au parc d'artillerie.

Les travaux de circonvallation ont bien marché et touchent à leur fin; ils constituent déjà une ligne fort respectable.

A six heures et demie, les neuf bataillons d'investissement sont relevés par neuf bataillons des 3ᵉ, 4ᵉ divisions et division turque, sous les ordres du général de Monet. Cette opération s'exécute sans être inquiétée.

9 octobre. — Transport de 700 gabions pour le service du génie.

A trois heures et demie du soir, une colonne de quatre bataillons avec de l'artillerie, précédée de tirailleurs, sort de la place et se dirige contre la gauche de la ligne, vers la maison brûlée. Elle est reçue avec vigueur par trois bataillons, dont deux sont lancés par le général en chef contre l'ennemi, qui se retire en désordre; à cinq heures, nos troupes étaient rentrées à leur poste. Nous avons eu 2 tués et 5 blessés.

Après la soupe du soir, la 1ʳᵉ brigade de la 1ʳᵉ division vient renforcer le corps de siége et se placer en arrière de la gauche de la 3ᵉ division; cette brigade est remplacée dans le corps d'observation par les bataillons turcs, qui sont campés de manière à défendre les ouvrages de droite de la ligne de circonvallation.

Toutes les dispositions avaient été prises pour l'ouverture de la tranchée, les dépôts de tranchée établis, l'ambulance installée dans une maison dite *des Carrières*. M. le lieutenant-colonel d'état-major Raoult est major de tranchée; les colonels Lebœuf, de l'artillerie, et Tripier, du génie, sont chargés, sous les ordres des généraux Thiry et Bizot, de la direction de leur arme.

A neuf heures du soir, la tranchée est ouverte par 1,600 travailleurs divisés en reprises. Ils sont soutenus par huit bataillons de garde de tranchée.

L'ouverture de la tranchée a été favorisée par un vent du nord-est assez violent et par l'obscurité de la nuit, que la lune empêchait toutefois d'être complète. L'ennemi ne paraît pas s'en être aperçu ; il n'y a pas eu de sortie ni un seul coup de canon ou de fusil contre les travailleurs. 936 mètres de boyaux ou gabionnades ont été ouverts dans la nuit, à une profondeur suffisante pour que les hommes fussent à couvert au point du jour.

Au jour, on remarque que les Russes s'occupent de réparer leurs embrasures, endommagées par leur propre tir des jours précédents.

10 octobre. — Premier jour de tranchée ouverte.

La 2ᵉ brigade de la 1ʳᵉ division rejoint la 1ʳᵉ au corps de siége. Cette division laisse au corps d'observation son artillerie, qui est mise derrière les épaulements de la droite de la ligne. Les Turcs prennent tous les postes de la 1ʳᵉ division sur la position d'observation.

Le génie élargit, approfondit et perfectionne les parallèles et les boyaux de communication.

L'artillerie commence ses batteries.

La parallèle ouverte forme, à 800 mètres de la place, une sorte de système bastionné, dans lequel doivent être établies, pour tirer simultanément, cinq batteries ainsi armées, savoir, de la gauche à la droite :

Batterie nº 1 (armée par la marine)	2 obusiers	de 22 c.
	7 canons	de 30 c.
Batterie nº 2 (armée par la marine)	4 obusiers	de 22 c.
	8 canons	de 30 c.
Batterie nº 3 (armée par l'artillerie)	6 mortiers	de 27 c.
	2 mortiers	de 22 c.
Batterie nº 4 (armée par l'artillerie)	2 mortiers	de 22 c.
	6 canons	de 24 c.
Batterie nº 5 (armée par l'artillerie)	6 canons	de 24 c.
	2 canons	de 16 c.
	4 obusiers	de 22 c.

Ce qui donne un total de......... 49 bouches à feu.

La marine travaille, sous la direction de l'artillerie,

aux batteries 1 et 2, et l'artillerie commence les batteries n°s 3, 4 et 5.

Vers six heures et demie du soir, deux tentatives de sortie, sans effet, sur la droite et la gauche de nos attaques, ont interrompu le travail pendant trois quarts d'heure.

Dans la nuit, on a commencé à rectifier le flanc droit de la batterie de la marine, qui était enfilé par la place ; ce travail a dû cesser au jour.

Pendant toute la journée, le feu de la place a été très-vif ; mal dirigé d'abord, il est devenu plus précis, sans nous faire cependant beaucoup de mal.

Pendant la nuit, le feu des Russes a continué ; il a pris beaucoup de vivacité vers deux heures du matin, au lever de la lune. Cependant le tir était moins exact et il n'a causé aucune perte dans la tranchée. Trois points de l'enceinte se font remarquer par la puissance de leur feu : le bastion *du Mât*, sur notre droite ; le bastion de *la Tour*, au centre, et celui de *la Quarantaine*, qui enfile plusieurs parties de nos ouvrages. Les Russes ont du calibre de canon égal à celui de nos obusiers de 22 c.

11 octobre. — *2e jour*. — Dans la nuit du 10 au 11, le feu est devenu assez vif, de une heure à trois, devant la droite anglaise. Les Russes y ont essayé une sortie en avant du port militaire, et ont fait une fusillade très-nourrie qui n'a blessé personne. Les Anglais ont pris les armes sans marcher ; les gardes avancées pour la nuit ont suffi à faire rentrer les troupes russes. Le corps d'observation français, en éveil, n'a pas eu à prendre les armes.

Un bâtiment autrichien, chargé de vivres pour l'administration, est poussé par le vent, dans l'après-midi, sous le feu de la place, qui l'accable de projectiles ; il y échappe heureusement et vient s'échouer en arrière de la gauche de la 4e division. La marine le renfloue dans la nuit, sous la protection d'un bataillon du 74e de ligne.

Continuation des travaux : 1,600 travailleurs se relayant par reprises de 800, avec huit bataillons de soutien. Perfectionnement et développement des parallèles ; ouverture de deux communications en arrière de la droite et de la gauche.

Une batterie de mortiers de la place commence à tirer à neuf heures sur les batteries 1 et 2 de la marine. La batterie n° 1 est arrivée aux deux tiers, celle n° 2 est un peu plus avancée.

La place n'a pas fait de sortie ; son feu a été moins vif.

12 octobre.—*3ᵉ jour.* — Le général d'Autemarre, du corps d'observation, parti à la pointe du jour avec 400 zouaves et trois pelotons de cavalerie, pour pousser une reconnaissance sur la Tchernaya, n'y a pas rencontré trace d'ennemis.

Continuation des travaux : élargissement des tranchées, des communications ; épaississement des parapets.

Le feu de la place n'est pas vif, mais régulier et continu pendant les 24 heures.

L'établissement de la batterie qui doit être servie par la marine est arrêté sur l'emplacement d'un ancien fort génois, au bord de la mer, à la gauche de la 4ᵉ division. Cette batterie paraît devoir contrebattre avec avantage les batteries de la Quarantaine et appuyer l'extrême gauche de nos attaques. Son armement est fixé à 6 obusiers de 80 et 4 canons de 50.

Cette batterie, dont la construction est appuyée par un bataillon, est commencée dans la nuit du 12 au 13.

Le général en chef apprend que 2 à 3,000 Cosaques sont venus pour tâter la ville d'Eupatorie dans les journées du 11 et du 12.

Une évacuation de 100 malades ou blessés est faite par *le Caffarelli* sur Constantinople.

13 octobre. — *4ᵉ jour.* — On débarque des pièces

turques du parc de siége venant de l'arsenal de Constantinople, pour armer les ouvrages principaux de la ligne de circonvallation. 6 de ces pièces sont remises aux Anglais, pour leurs ouvrages de Balaclava.

On s'occupe de différents travaux d'amélioration des parallèles et des communications ; on élargit et l'on prolonge l'amorce de la parallèle qui doit se diriger, de la droite des batteries, à 600 mètres en avant du bastion du Mât.

L'artillerie a terminé, à la droite de la courtine, sa batterie n° 3, les batteries n°ˢ 4 et 5, contrariées par le feu de la place, sont moins avancées ; la Marine (n°ˢ 1 et 2) l'est moins encore.

L'assiégé n'a tenté aucune sortie. Les bastions du centre de la Tour et du Mât ont dirigé pendant toute la journée un feu assez vif (50 coups par heure) sur les batteries en construction, ainsi que sur les points où les travailleurs se trouvaient accumulés.

Pendant la nuit, le tir s'est beaucoup ralenti (20 coups par heure). Le feu des Russes a été très-peu meurtrier.

L'assiégé a paru fort occupé à renforcer les parapets du bastion du Mât et à en consolider les embrasures.

14 *octobre*. — 5ᵉ *jour*. — Les Anglais, pensant que les Russes tenteraient une sortie de nuit sur des ouvrages qu'ils avaient particulièrement examinés et inquiétés, demandent un renfort, et deux bataillons de gauche du corps d'observation, les plus rapprochés d'eux, se tiennent prêts à marcher au premier appel du duc de Cambridge.

Les travailleurs sont réduits à 800 de jour et 800 de nuit, divisés en brigades de 400 se relayant. Les bataillons de soutien sont réduits de 8 à 7.

Les tranchées et les batteries sont complétées ; on fait, à gauche de la batterie de mortiers, des gradins et des créneaux pour la fusillade.

Le tir de la place partant de tous les points, ayant des vues sur nos ouvrages, a été d'une vivacité extrême pendant une heure, de une heure à deux heures de l'après-midi (850 coups environ : canons, obusiers et mortiers). Les travaux ont été forcément suspendus ; ce tir excessif ne nous a fait perdre que 2 tués et 3 blessés. Les dégâts causés seront réparés en une heure de travail de nuit. La batterie n° 5 est celle qui a le plus souffert.

15 *octobre*. — 6e *jour*. — Les Russes n'ont point tenté de sortie ; les Anglais n'ont point pris les armes, et nos deux bataillons du 7e léger n'ont pas eu à faire de mouvement.

Le général d'Autemarre fait, à la pointe du jour, une reconnaissance vers la Tchernaya avec trois pelotons de chasseurs et quatre compagnies de zouaves. Les postes cosaques embusqués dans les bouquets de bois qui couvrent la rivière sont montés précipitamment à cheval à son approche et se sont enfuis.

Cinq pièces turques, approvisionnées à quarante coups, sont en position sur les ouvrages de circonvallation.

Dans le jour, on remplit des sacs à terre et on élargit les communications. Pendant la nuit, continuation de la première parallèle en avant du bastion du Mât, avec les crochets en gabionnade, destinés à l'établissement de deux nouvelles batteries, n°s 7 et 8. On a creusé de petites tranchées pour servir de postes de jour à des tirailleurs d'élite. Le tir de la place a été régulier et continu. Pendant la nuit, les ennemis ont lancé quantité de grosses bombes et d'obus de fort calibre.

16 *octobre*. — 7e *jour*. — Dix-huit pièces turques sont en batterie sur les ouvrages de circonvallation, prêtes à faire feu, avec leur armement, leurs munitions, leur personnel.

On travaille à des perfectionnements de tranchées

et on ouvre des boyaux de communication avec la nouvelle parallèle dirigée sur la capitale du bastion du Mât.

Les batteries sont mises complétement en état de faire feu. De dix heures et demie à onze heures et demie du matin, feu très-vif de la place, qui n'endommage que la batterie, n° 5. L'ennemi n'obtenant pas du tir de plein fouet et à ricochet l'effet qu'il s'en promettait, lui fait succéder un tir à bombes fréquent qui devient fort juste.

Les deux généraux en chef ayant arrêté que le tir de toutes les batteries des deux attaques commencerait au même moment, et les Anglais devant être prêts pour demain, il est décidé que le feu commencerait sur toutes ces attaques le lendemain matin à six heures et demie, au signal de trois bombes tirées coup sur coup par la batterie française n° 3. Les amiraux ayant prêté leur concours actif, il est entendu que les vaisseaux des deux flottes viendront s'embosser au même moment et ouvriront leur feu contre la Quarantaine et la partie sud de la ville et du port.

Des dispositions sont prises pour qu'aucune éventualité se produisant, soit dans la place, soit au dehors, ne nous prenne au dépourvu. Le corps de siége prendra les armes à l'ouverture du feu et sera prêt à agir ; le corps d'observation doublera ses grand'-gardes et se tiendra en éveil ; la cavalerie sera prête à brider.

La compagnie de tireurs organisée dans le corps de siége commence à rendre d'utiles services.

17 *octobre*. — *8ᵉ jour*. — A six heures et demie du matin, au signal convenu, le feu est ouvert simultanément par toutes les batteries françaises et les batteries anglaises ; 53 pièces du côté des Français (en y comprenant les 4 pouvant tirer du fort Génois) et 73 du côté des Anglais ; total, 126 pièces.

La place y répond aussitôt très-vivement de toutes

les batteries ayant des vues sur les deux attaques, et dont l'armement ne peut être évalué à moins de 250 pièces.

Les flottes n'ont pas encore pu appareiller.

Pendant trois heures le feu continue avec la même vivacité de part et d'autre, sans qu'on puisse encore constater aucun résultat, lorsqu'à neuf heures et demie une bombe, tombant sur le magasin de la batterie n° 4, le crève et le fait sauter. Cette explosion désorganise la batterie, tue ou blesse une cinquantaine d'hommes.

Néanmoins le feu continue dans les autres batteries ; trois quarts d'heure après, une caisse à gargousses fait explosion dans la batterie n° 1, servie par la marine.

Le général en chef laisse le général commandant l'artillerie juge de l'opportunité de continuer le feu.

A dix heures et demie du matin, nos batteries, sur lesquelles se concentre le feu de l'ennemi, ne pouvant, réduites à trois, répondre sans désavantage au canon de la place, le général commandant l'artillerie donne l'ordre de cesser le feu ; celui des batteries ennemies se ralentit aussitôt.

Le tir des Anglais continue sans avantage ni désavantage marqué ; cependant les coups de la place, quoique bien dirigés, ne font pas éprouver de dommage sensible aux ouvrages anglais.

Vers trois heures de l'après-midi, un magasin considérable de la grande batterie russe, dite du *Redan,* en face des Anglais, fait explosion et n'y laisse que trois pièces en état de tirer.

A quatre heures, un caisson de munitions saute en arrière de la batterie de droite des Anglais ; c'est la quatrième explosion de la journée.

La flotte était venue, à une heure de l'après-midi, s'embosser, la droite de sa ligne près de la batterie du fort Génois, et dirigeant ses feux sur la Quarantaine et sur la ville, dont les batteries répondent avec vivacité. La masse de boulets lancés par les vaisseaux a dû causer de grands ravages; mais tout le théâtre de l'action est enveloppé d'une fumée si épaisse, qu'il est impossible d'en apprécier les résultats.

A la nuit, le feu cesse de toutes parts, tout retombe dans le silence, et les vaisseaux vont reprendre leur poste de mouillage sans qu'aucun d'eux ait éprouvé, malgré les efforts persistants de l'ennemi, un dommage essentiel.

Les dégâts produits dans nos attaques consistent en:

12 pièces endommagées dans leurs affûts;

2 pièces mises momentanément hors de service;

Dégradations aux embrasures et aux coffres des batteries, avec le fossé comblé en plusieurs endroits.

Vers quatre heures de l'après-midi, les Russes ont envoyé des reconnaissances pour s'assurer si les batteries étaient abandonnées; ces reconnaissances ont été ramenées dans la place.

Pendant cette journée, rien de saillant ne s'est produit du côté du corps d'observation.

18 octobre. — *9e jour.* — La nuit du 17 au 18 se passe tranquillement; la place ne tire pas. On travaille activement à remettre en état les batteries, à refaire les embrasures, à renforcer les coffres.

Le travail est continué pendant le jour malgré le feu de l'ennemi qui a été assez vif, mais n'a causé aucune perte, ni aucun accident. Les batteries 1, 2, 3, 4, 7 et 8 seront en état de tirer le 19 au matin.

Le génie pousse à la chute du jour ses travaux vers la parallèle de droite, en face du bastion du Mât.

L'armement de ses batteries est réglé sur de nouvelles bases, ainsi qu'il suit, y compris une batterie n° 9 à établir sur la droite de nos attaques.

Batteries n°s 1, 2, 3 et 4... maintenues.
Batterie n° 5................ supprimée.
Batterie n° 6................ maintenue.
Batterie n° 7............... { 2 canons de 24.
4 canons de 16.
Batterie n° 8............... { 2 mortiers de 27 c.
4 mortiers de 22 c.

Batterie n° 9 .... { 4 mortiers turcs de 27 c. environ.
3 mortiers turcs de 23 c. environ.

L'arrivée du dernier bataillon du 1er régiment de la légion étrangère complète la 5e division (Levaillant), dont les troupes ont débarqué dans les journées précédentes, et dont la composition est la suivante :

1re brigade, général de la Motte-Rouge. 21e de ligne.
42e de ligne.
2e brigade, général Couston......... 5e léger.
46e de ligne.
3e brigade, général Bazaine......... 1er régiment de la lég. étrangère.
2e régiment de la lég. étrangère.

Cette division fait partie du corps de siége ; elle est campée en seconde ligne derrière la 4e division.

Par suite de cette adjonction, la 1re division est venue s'établir le 17 sur deux lignes, à la droite de la cavalerie et du grand quartier général, dans une position intermédiaire entre le corps d'observation et le corps de siége.

L'artillerie anglaise continue son feu avec des chances qui paraissent favorables.

19 octobre. — 10e jour. — Dans la nuit du 18 au 19, le travail n'a pas été inquiété. Cependant vers dix heures et demie une alerte paraît avoir eu lieu dans Sébastopol. Des clameurs se sont fait entendre, suivies d'une canonnade assez vive dans toutes les directions, ainsi qu'une forte fusillade suivie de hourras. Après une demi-heure le silence a succédé et les travaux ont été repris.

A six heures et demie du matin, l'artillerie française commence le feu, les Anglais l'imitent ; la place répond.

Ce feu a une grande intensité malgré un brouillard épais, qui se dissipe vers huit heures. Le feu devient alors plus réglé et plus juste. Le nôtre se maintient avec des chances qui paraissent au moins égales, et à la fin de la journée il avait pris évidemment l'avantage sur celui de la place. A deux heures la tour du bastion central était complétement ruinée ; les embrasures du bastion du Mât (face droite) avaient beaucoup souffert. Vers trois heures, le feu s'éteignit insensiblement de part et d'autre. Nos batteries étaient peu endommagées et facilement réparables pendant la nuit.

20 octobre. — *11ᵉ jour.* — Les embrasures ruinées de la face droite du Mât n'ont pu être complétement réparées pendant la nuit ; au jour, à l'ouverture du feu, deux pièces seules ont pu tirer un instant ; bientôt elles ont cessé. Une partie de ce résultat doit être attribuée au feu très-vif et très-adroit des compagnies de francs-tireurs, qui ne permettait pas aux canonniers de servir leurs pièces.

Le génie pousse ses travaux sur la droite devant le bastion du Mât, jusqu'au ravin qui descend dans le port de Sébastopol et nous sépare des Anglais. La proximité de la place et la nature du sol, qui est rocheux, rendent ces travaux difficiles et lents. Ils sont faits à la sape volante.

De dix heures du matin à une heure, et de deux heures de l'après-midi à trois heures, l'ennemi a dirigé un feu assez vif sur ces travaux ; deux ou trois trouées ont été faites par le canon de la place sur quelques points faibles de la parallèle.

L'artillerie a repris son feu au jour et l'a continué avec avantage pendant la journée. Cependant le tir de la batterie n° 2 (marine) a été interrompu dans la matinée par l'explosion d'un magasin à poudre, qui n'a blessé personne et n'a causé que fort peu de dégâts.

21 octobre. — *12ᵉ jour.* — Dans la nuit du 20 au 21, vers deux heures et demie du matin, l'assiégé a fait une sortie dans l'intention d'enclouer les pièces des batteries françaises. Il a pénétré entre les batteries 3 et 4, s'est répandu dans ces deux batteries, et s'était déjà porté sur plusieurs pièces, lorsque les canonniers, sautant sur leurs armes, et secondés par la garde de tranchée et très-vigoureusement surtout par la 1re compagnie de voltigeurs du 74°, repoussèrent l'ennemi avec perte. Six cadavres russes sont restés dans la tranchée, et quatre blessés, dont un officier, qui a succombé depuis, ont été faits prisonniers. Le reste de la nuit se passe tranquillement.

Le général en chef se rend à six heures du matin à la batterie du Fort-Génois n° 6 (marine) et il en prononce la suppression.

L'artillerie française reprend son tir à six heures ; la place répond, mais plus mollement ; nos batteries prennent un ascendant de plus en plus marqué. Les batteries n°° 7 et 8 produisent de bons résultats.

Le génie continue les travaux devant le bastion du Mât.

22 *octobre*. — 13° *jour*. — La nuit est calme.

Le feu recommence au jour. L'armement des premiers ouvrages de l'ennemi est très-réduit et les masses couvrantes ébranlées et fort endommagées. On aperçoit sur le revers du ravin descendant au port du Sud des batteries nouvellement construites et une autre en construction ; cette dernière paraît devoir agir surtout contre les Anglais.

L'artillerie prépare le terre-plein, élève le coffre et commence le magasin à poudre de la batterie n° 9.

Depuis deux jours, l'ennemi, qui avait montré quelques bataillons, une batterie d'artillerie et quelques Cosaques sur la Tchernaya, ne paraît plus de ce côté.

Le relevé général de nos pertes depuis le commencement du siége jusqu'à ce jour est de :

4 officiers et 54 hommes tués,

14 officiers et 451 sous-officiers et soldats blessés.

Paris. — Typographie PANCKOUCKE, rue des Poitevins, 8 et 14.